ÉLOGE HISTORIQUE

DE

M. BECQUET

MEMBRE DE LA SECTION DE SYLVICULTURE

PAR

M. J. CLAVÉ

PARIS

HOTEL DE LA SOCIÉTÉ

18, RUE DE BELLECHASSE

1884

ÉLOGE HISTORIQUE

DE

M. BECQUET

MEMBRE DE LA SECTION DE SYLVICULTURE

ÉLOGE HISTORIQUE

DE

M. BECQUET

MEMBRE DE LA SECTION DE SYLVICULTURE

PAR

M. J. CLAVÉ

PARIS

HOTEL DE LA SOCIÉTÉ

18, RUE DE BELLECHASSE

1884

ÉLOGE HISTORIQUE

DE

M. BECQUET

MEMBRE DE LA SECTION DE SYLVICULTURE

Ceux d'entre nous qui ont connu M. Becquet—ils sont aujourd'hui peu nombreux, car depuis treize ans la mort a couché dans leur tombeau beaucoup de ceux qui furent ses collègues — ont conservé de lui le souvenir d'un homme affable, de manières distinguées, foncièrement bon et serviable. D'une grande droiture de caractère, incapable lui-même d'un sentiment bas ou haineux, il jugeait les autres d'après lui-même et se refusait à croire au mal ; c'est vous dire qu'il fut exposé à bien des déceptions et que trop souvent il dut revenir sur l'opinion qu'il s'était faite de certains hommes. Il avait de la dignité personnelle une très haute idée et poussait le désintéressement bien au delà des limites de la délicatesse ; c'est ainsi que, nommé député en 1852, il fut du petit nombre de ceux qui votèrent contre le rétablissement de l'indemnité affectée à cette position, afin de conserver leur indépendance vis-à-vis du pouvoir. Plus tard, alors qu'il avait déjà

pris sa retraite, comme conservateur des forêts, il re-
fusa une position importante dans une Société finan-
cière qui s'était formée pour l'acquisition et l'exploitation des forêts que l'État se proposait de vendre, ne
voulant à aucun prix prêter son concours à une mesure
qu'il avait combattue comme fonctionnaire, et qu'il
considérait comme funeste pour la prospérité publique.

M. Charles-Marie Becquet est né le 1er août 1804 à
Asnières-sur-Oise. Il était fils de Thomas de Cantorbéry
Becquet, ancien capitaine de cavalerie, garde du corps
du comte d'Artois, qui entra ensuite dans l'administration forestière où il arriva au grade d'inspecteur.
M. Becquet était neveu de M. Marcotte, directeur général des forêts, qui le fit débuter comme surnuméraire
dans cette administration en 1823; il passa ensuite garde-pêche à la conservation de Paris, franchit
rapidement les grades inférieurs et fut nommé succes-
sivement sous-inspecteur à Cérilly, à Baccarat et à
Sens, puis inspecteur à Châlon-sur-Saône et à Strasbourg. Envoyé comme conservateur à Albi en 1837,
puis à Mâcon, il revint avec ce grade à Strasbourg en
1841 et y resta jusqu'en 1849, époque où un change-
ment, qu'il jugeait contraire à sa dignité de subir, lui
fit donner sa démission. Il rentra dans l'administration
en 1852, comme conservateur à Paris, et y resta jusqu'à sa mise à la retraite en 1869. Il avait été nommé
membre de la Société centrale d'agriculture en 1865 en
remplacement de M. Vicaire. Ce qui avait motivé le
choix de la Société, ce n'était pas la rapidité de sa carrière administrative, mais les travaux qu'il a exécutés
ou provoqués dans les différents postes qu'il a occupés
et l'heureuse influence qu'il a exercée sur les progrès
de la sylviculture.

J'ai dit tout à l'heure que M. Becquet était le neveu
de M. Marcotte. Puisque j'ai été amené à prononcer

ce nom, je dois dire un mot des immenses services rendus par cet homme de bien, afin de montrer par là à quelle école M. Becquet a été élevé.

Des nombreux gouvernements qui se sont succédé en France depuis un siècle, la Restauration eut, plus que les autres peut-être, le sentiment de la durée. Puisant ses traditions dans le passé, ayant en vue, non pas seulement les intérêts du moment mais la grandeur permanente de la patrie, jaloux de conserver intact et d'agrandir l'héritage qu'il avait reçu lui-même, il fut, plus qu'aucun autre, en situation d'entreprendre des œuvres de longue haleine, et dont les résultats ne devaient profiter qu'aux générations futures. C'est ce qu'il a fait, notamment pour les forêts, en promulguant le Code forestier et en créant l'École forestière.

« La conservation des forêts, dit l'exposé des motifs présenté à l'appui du projet de ce Code, est l'un des premiers intérêts des sociétés et, par conséquent, l'un des premiers devoirs des gouvernements. Tous les besoins de la vie se lient à cette conservation... Nécessaires aux individus, les forêts ne le sont pas moins aux États ; c'est dans leur sein que le commerce trouve ses moyens de transport et d'échange ; c'est à elles que le gouvernement demande des éléments de protection, de sûreté et de gloire.

« Ce n'est pas seulement par les richesses qu'offre l'exploitation des forêts qu'il faut juger de leur utilité. Leur existence même est un bienfait inappréciable pour les pays qui les possèdent, soit qu'elles protègent et alimentent les sources et les rivières, soit qu'elles soutiennent et raffermissent le sol des montagnes, soit qu'elles exercent sur l'atmosphère une heureuse et salutaire influence.

« La destruction des forêts est souvent devenue

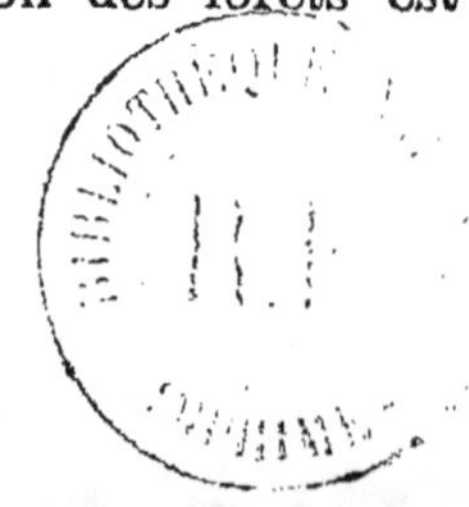

pour les pays qui en furent frappés, une véritable calamité, une cause de décadence et de ruine...

« Pénétrés de cette vérité, les législateurs de tous les âges ont fait de la conservation des forêts l'objet de leur sollicitude particulière. »

C'est pour se conformer à ce qu'il considérait comme un de ses plus impérieux devoirs, que le gouvernement songea à coordonner en un Code homogène, en harmonie avec les principes du Code civil, les lois disparates alors en vigueur, parmi lesquelles figurait la célèbre ordonnance de 1669.

M. Marcotte, alors administrateur des forêts, fut chargé de la préparation de cet important travail. Il fut aidé dans sa tâche par un collaborateur dont je ne puis passer le nom sous silence, M. Baudrillart, le père de notre confrère, qui fit lui-même partie de notre Société et qui, avec une patience de bénédictin, fit le recueil des lois et règlements qui depuis Charlemagne ont régi la propriété forestière en France.

M. Marcotte s'acquitta de sa mission avec honneur, et réussit à introduire dans le Code forestier et dans l'ordonnance réglementaire destinée à le compléter, les principes de culture, grâce auxquels les forêts ont été sauvées de la ruine.

Mais le gouvernement de la Restauration ne s'est pas borné à sauvegarder le domaine forestier, il a jugé que sa sollicitude devait s'étendre sur les moyens d'en assurer la gestion de la manière la plus avantageuse au pays. Convaincu que, pour être rationnelle, l'exploitation des bois devait reposer sur une base scientifique, il créa, sur la proposition même de M. Marcotte, l'école forestière de Nancy, destinée à fournir à l'État des agents capables, afin de remplacer peu à peu les anciens officiers de l'Empire, qui formaient alors le personnel presque exclusif de l'administration et dont plusieurs avaient conservé, dans leurs nouvelles fonctions, les habitudes de la vie des camps. M. Marcotte plaça à la tête de cette école M. Lorentz, l'homme le plus apte à la diriger. Ce fut lui qui, avec son successeur, M. Parade, préconisa le premier la supériorité, dans l'exploitation des forêts, du régime de la futaie sur celui du taillis, et c'est grâce à leur enseignement que ce principe est aujourd'hui accepté par tous et que l'administration forestière a fini par s'y rallier.

Il paraît étonnant que la passion se soit glissée dans une question comme celle du meilleur mode d'exploitation des forêts, puisqu'après tout ce n'est là qu'une affaire de raisonnement et d'expérience. La supériorité de l'une des méthodes étant démontrée, il semble que tout dût être dit et qu'il n'y eût eu qu'à l'appliquer. Il s'en faut de beaucoup que les choses se soient passées ainsi, parce qu'en réalité deux principes se trouvaient en présence, le principe fiscal et le principe cultural. Tout le monde sait que le régime du taillis repose sur la faculté qu'ont les souches de bois feuillus de donner des rejets, qu'il comporte des exploitations répétées tous les vingt ou vingt-cinq ans, et qu'il ne peut produire par conséquent que des bois de faibles dimensions, à peu près exclusivement propres au chauffage. La futaie, au contraire, veut un siècle et plus pour atteindre tout son développement; elle se perpétue, non plus par les souches, mais par les semences et fournit, dans un temps donné, des produits plus considérables et plus précieux que le taillis ; mais, par contre, elle représente un capital immobilisé beaucoup plus élevé que celui-ci. C'est ce qui explique pourquoi le taillis est préféré par les particuliers, dont l'existence est limitée, tandis que la futaie convient surtout à l'État, dont la durée indéfinie lui permet des exploitations à longue échéance. Lorsque MM. Lorentz et Parade défendaient ces principes, la plus grande partie des forêts domaniales étaient encore soumises au régime du taillis, et, pour les convertir en futaie, il eût fallu en suspendre les exploitations et en diminuer par conséquent le revenu. C'est ce dont les ministres et les directeurs généraux d'alors ne voulaient pas entendre parler, et c'est là l'origine de la lutte dans laquelle M. Lorentz succomba et qui faillit briser M. Parade lui-même.

M. Becquet ne fut pas un des moins ardents à défendre les saines doctrines et à préconiser, pour l'État, le régime de la futaie. Quoi qu'il ne sortît pas de l'École forestière, puisqu'il était entré dans l'Administration avant la création de cet établissement, il avait puisé dans les enseignements de M. Marcotte l'amour du bien public, qui, chez lui, dominait toute autre considération. Dans cette belle Alsace, où il s'était marié, où il a passé la plus grande partie de sa carrière administrative, qu'il a, pendant près de vingt ans, représentée au Conseil général, et qui était devenue sa patrie adoptive, il ne cessa de travailler à l'amélioration des forêts dont la gestion lui était confiée. Il proposa notamment, dès 1833, alors qu'il n'était encore qu'inspecteur, l'aménagement et la conversion en futaie pleine de la forêt de Haguenau, important massif de 15,000 hectares, formé de peuplements irréguliers de pins et de taillis de chêne. Ce fut le premier travail de ce genre qui fut exécuté en France et qui, pendant longtemps, servit de modèle à ceux qui furent entrepris dans la suite.

Vingt ans plus tard, alors qu'il était conservateur à Paris, il demanda également l'aménagement régulier des forêts comprises dans la liste civile impériale, de Fontainebleau, de Compiègne, de Saint-Germain et de

Marly ; et là aussi, malgré l'opposition du service de la vénerie, le régime de la futaie triompha. Il en fut de même pour les autres forêts de sa conservation.

Nommé membre de la Société centrale en 1865, M. Becquet présenta plusieurs Mémoires dans lesquels il insiste toujours sur les avantages des révolutions prolongées dans l'exploitation des forêts. Il a prouvé par des chiffres que, même en tenant compte des intérêts composés, il est préférable à un propriétaire de couper ses bois à vingt ans plutôt qu'à dix, à trente ans plutôt qu'à vingt. Il a montré notamment, que les exploitations répétées exerçaient sur la fertilité du sol une influence fâcheuse, et que, contrairement à l'opinion générale, c'est aux terrains maigres que le régime de la futaie est le plus nécessaire. Il cita, à l'appui de son raisonnement, l'exemple de la forêt de Fontainebleau, où, sur un sol formé de sable pur, on trouve les magnifiques futaies de chêne et de hêtre connues de tous les touristes, tandis que les taillis voisins sont chétifs et rabougris. La raison de cette différence est facile à comprendre : des divers éléments dont le bois se compose, carbone, oxygène et hydrogène, le premier est fourni par l'atmosphère, où, à l'état d'acide carbonique, il se trouve en quantité suffisante pour qu'il n'y ait pas à craindre de le voir jamais faire défaut ; les deux autres viennent du sol, où ils sont absorbés par les racines, sous forme d'eau. Tout système d'exploitation qui a pour effet de conserver au sol son humidité et sa fraîcheur est donc favorable à la végétation ; tout système qui les lui enlève est nuisible à celle-ci. La futaie, qui pendant plus d'un siècle maintient le terrain constamment couvert, qui empêche l'évaporation de l'eau qu'il contient, qui y accumule des couches successives d'humus et de feuilles mortes, rentre au plus haut degré dans le premier cas ; tandis que le taillis, qui, tous les vingt ou vingt-cinq ans, expose le sol aux influences atmosphériques, qui permet aux rayons solaires de pomper l'eau jusque dans les couches profondes, rentre dans le second et devient, surtout dans les terrains minéralogiquement peu fertiles, un mode d'exploitation désastreux. Ces vérités si simples, jadis si controversées, sont aujourd'hui acceptées par tous, et M. Becquet n'a pas peu contribué à les faire triompher.

M. Becquet présenta encore à la Société un Mémoire sur la liberté des défrichements, qui donna lieu à une discussion intéressante à laquelle prirent part MM. Passy, Dupin, Becquerel, etc. En 1869, il prononça l'éloge de M. de Sahune, ancien conservateur des forêts de la liste civile de Louis-Philippe; il ne craignit pas à cette occasion de rendre un éclatant hommage à la manière dont cet homme de bien avait administré les forêts qui lui étaient confiées; et de faire justice des calomnies que l'ignorance, l'intérêt et l'esprit de parti avaient lancées contre la gestion de cette partie de la fortune publique.

Après sa mise à la retraite, en 1869, M. Becquet se présenta à la députation dans le Bas-Rhin. Ce fut une mauvaise inspiration, car sa santé fut profondément ébranlée par les luttes qu'il eut à soutenir et les déboires qu'il eut à éprouver dans cette circonstance. Il ne put résister à la terrible secousse que lui imprimèrent les désastres de la patrie. Il était à Haguenau au moment de nos premiers revers, et lorsqu'il eut la douleur de voir l'ennemi y entrer, il se coucha pour ne plus se relever et mourut le 27 novembre 1870, entouré de sa femme, de deux de ses filles et d'un de ses fils, M. Thomas Becquet, alors juge à Mantes qui avait dû traverser tous les départements occupés pour venir assister aux derniers moments de son père. L'autre, M. Frantz Becquet payait bravement sa dette à la patrie, à l'armée de la Loire où il servait comme lieutenant.

A quelques jours d'intervalle de nouveaux deuils

vinrent frapper cette famille éprouvée ; Mme Becquet perdit sa mère et son frère, enlevés par le typhus que l'armée allemande apportait avec elle. La maison était pleine alors de soldats prussiens, dont l'odieuse présence rendait ces douleurs plus cuisantes encore. Elle renfermait aussi des officiers français blessés à la bataille de Frœschwiller, que ces femmes courageuses avaient recueillis et soignaient avec un dévouement sans bornes.

Elles ont, plus tard, donné d'autres preuves encore de leur patriotisme, car ce furent Mlles Chantal et Antoinette Becquet qui les premières provoquèrent en Alsace des souscriptions pour le payement de l'écrasante rançon qui nous était imposée, souscriptions qui inspirèrent cette œuvre généreuse, dont un de nos confrères les plus éminents, M. Drouyn de Lhuis, brigua l'honneur d'être le président, et qui sous le nom de *Souscription des Femmes de France pour la libération du territoire*, se proposait de purger, au plus tôt, le sol français de la présence de l'ennemi. On sait comment et pourquoi cet élan patriotique fut arrêté à son début, alors que 200 millions étaient déjà souscrits, alors que des comités s'organisaient non seulement dans toutes les communes de France, mais dans le monde entier, jaloux de nous témoigner ses sympathies et de protester contre les exigences d'un vainqueur impitoyable.

Voilà treize ans à peine que ces terribles événements se sont passés ; combien y songent encore aujourd'hui, à part ceux auxquels ils ont enlevé leur foyer et qui sont devenus des étrangers dans leur propre patrie ?

PARIS. — IMPRIMERIE DE Mme Ve TREMBLAY, RUE DE L'ÉPERON, 5.

Paris. — Imp. de Mme Ve TREMBLAY, rue de l'Éperon, 5.

www.ingramcontent.com/pod-product-compliance
Lightning Source LLC
Chambersburg PA
CBHW051510060726
47596CB00007B/3000